LV·Buch Wir lieben das Landleben.

Freuen Sie sich auch jedes Jahr auf die Monate Mai, Juni und Juli, wenn es Erdbeeren in Hülle und Fülle gibt? Denn diese roten süßen Früchtchen schmecken nicht nur toll, sie sind u. a. wegen ihres hohen Vitamin-C-Gehalts auch noch sehr gesund.

Vorwort

Genießen Sie die Erdbeersaison in vollen Zügen. Nutzen Sie die vielen Möglichkeiten der Zubereitung, die diese Beeren bieten. In diesem Buch habe ich für Sie abwechslungsreiche und leicht umzusetzende Rezepte zusammengestellt, bei denen Erdbeeren die Hauptrolle spielen. Das sind nicht nur Desserts, Kuchen, Torten und Konfitüren, wie mancher vielleicht glauben mag: Erdbeeren lassen sich auch hervorragend mit Herzhaftem wie Schinken, Käse, Geflügel, Fleisch oder auch Fisch kombinieren. Grüne Blattsalate mit Erdbeeren und Mozzarella, Hähnchenbrust oder Schafskäse sind schnell zubereitet, leicht verdaulich und somit für sommerliche Temperaturen genau das Richtige. Gerichte mit Erdbeeren in der Kombination mit Fisch – wie hier mit Zander und Thunfisch – zählen, wie ich finde, zu den kulinarischen Highlights.

Sehr willkommen im Sommer sind auch erfrischende Vitamindrinks: nur mit Erdbeeren oder auch mit zusätzlichen Früchten kombiniert. Nicht zuletzt lassen sich mit Erdbeeren leckere Cocktails zaubern – mit oder ohne Alkohol.

Ich wünsche Ihnen viel Spaß und Genuss bei den „Leckeren Erdbeer-Zaubereien".

Sabine Deing-Westphal

Beschwipster Erdbeer-Ananas-Salat S. 32

Zanderfilet mit Erdbeeren S. 88

LECKERE Erdbeer-Zaubereien

Erdbeeren in

DIE ERDBEERE:

Damit Sie die frischen Erdbeeren ungetrübt genießen können, sollten Sie einige Dinge zu Lagerung, Zubereitung und Einkauf beachten.

ERDBEEREN LAGERN

Hier ist Folgendes ganz wichtig: Frische Erdbeeren ***nicht länger als 2 Tage*** lagern. Sie sind sehr empfindlich und verlieren schnell an Frische und Aroma. Dazu die Beeren nur ungewaschen und auf einem Tablett ausgebreitet in den Kühlschrank stellen. So bilden sich keine Druckstellen, die Erdbeeren bleiben länger frisch und schimmeln nicht. ***Beim Einfrieren*** die Erdbeeren vorher waschen, gut abtropfen lassen, entkelchen und entstielen. Dann für 1 – 2 Stunden auf einem Tablett ausgebreitet vorfrosten. Erst dann in ein Gefriergefäß geben und einfrieren. So können Sie Erdbeeren bis zu 12 Monaten konservieren.

ERDBEEREN ZUM VERZEHR VORBEREITEN

Erdbeeren am besten ***in stehendem (nicht unter fließendem) Wasser*** abwaschen, dann direkt herausnehmen und gut abtropfen lassen. Denn sonst quellen sie schnell auf und verlieren an Frische und Aroma. Auch Vitamine und Mineralien gehen schnell verloren.

der Küche

EIN GESUNDER GENUSS IM SOMMER

Ganz wichtig: Die Erdbeeren immer erst nach dem Waschen putzen, um das intensive Aroma der Früchte zu erhalten und nicht zu „verwässern".

ERDBEEREN ZUBEREITEN

Wenn Sie Erdbeeren zuckern: Am besten erst kurz vor dem Servieren, denn sonst verlieren sie zu viel Saft. ***Wenn Sie Erdbeeren würzen:*** Orangen- und Zitronen- (bzw. Limetten-) Saft sorgen dafür, dass Erdbeeren noch aromatischer und süßer schmecken. Kräuter wie Zitronenmelisse, Lavendel, Vanille, Minze und Estragon sind ebenfalls – je nach Gericht – geeignete Aromaten. Wenn Sie Erdbeeren – z. B. für Konfitüren, Sirup o. Ä. – mit anderen Fruchtsorten kombinieren möchten: Sauerkirschen, Pfirsiche, Aprikosen, Johannisbeeren, Heidelbeeren, Himbeeren oder auch Rhabarber passen besonders gut.

DAS SOLLTEN SIE BEIM EINKAUF BEACHTEN

Deutsche Erdbeeren werden vorrangig von Mai bis Juli auf den Märkten angeboten. Außerhalb der Erdbeersaison sind die Erdbeeren meistens importiert. ***Besonders empfehlenswert*** ist das Selbstpflücken. Fast überall gibt es Erdbeerfelder, auf denen man sich selbst eindecken kann. Meistens ist das billiger, als die Erdbeeren zu kaufen.
Die Früchte sollten eine ***einheitliche Farbe*** aufweisen. Erdbeeren, die blassrosa sind oder weiße Stellen aufweisen, sind zu früh geerntet worden und konnten so ihr Aroma nicht vollständig entfalten. Auch sollten die Früchte ***sauber, aber nicht gewaschen*** sein. Kurze, ***frische grüne Stiele*** und ***grüne Kelchblätter*** weisen ebenfalls auf Frische hin.

TIPP: Bitten Sie den Obsthändler – bevor Sie sich zum Kauf entscheiden – die Schale mit den Erdbeeren vorsichtig auf der Waage auszuleeren. So können Früchte, die vielleicht Druckstellen aufweisen, gegen unversehrte ausgetauscht werden. Fragen Sie ihn auch ruhig, ob Sie eine Erdbeere probieren dürfen. So gehen Sie sicher, dass die Beeren frisch und schmackhaft sind.

NOCH EIN TIPP: Oft sind es nicht unbedingt die großen, prallen Erdbeeren, die am schmackhaftesten sind, sondern eher die kleineren, unförmigeren Früchte, die am besten schmecken.

Kuchen & Torten

Erdbeerbiskuit

TIPP: *Wer's süßer mag, gibt 1–2 EL Zucker in die Suhne.*

ZUTATEN *(für 4 Personen)*

FÜR DEN BISKUITTEIG:
100 g Rohrzucker
8 Eigelb, 4 Eiweiß
100 g Mehl

FÜR DIE FÜLLUNG:
ca. 1 000 g gesäuberte Erdbeeren
450 – 500 ml Sahne (30 % Fett)
100 g gehobelte Mandeln

Erdbeerbiskuit

ZUBEREITUNG

BISKUITTEIG: Eigelb mit der Hälfte des Zuckers cremig rühren. Eiweiß mit dem restlichen Zucker zu Eischnee schlagen. Eischnee zur Eigelbcreme geben. Mehl darübersieben und unterheben. Dann den Teig auf einem mit Backpapier ausgelegten Backblech verstreichen (s. dazu Rezept „Erdbeerschnitten", S. 14).

BACKZEIT: Den Biskuit ca. 10 Minuten im vorgeheizten Backofen bei 240 °C Ober- und Unterhitze backen. Dann ein Küchentuch darüberbreiten und den Biskuitboden daraufstürzen. Ein Tuch befeuchten, das Backpapier damit abreiben und vorsichtig abziehen.

FERTIGSTELLUNG: Die Sahne steif schlagen. Den Biskuit dritteln. Einen Boden dünn mit Sahne bestreichen und die ganzen Erdbeeren (bis auf vier besonders dicke) dicht aneinander daraufsetzen. Dann den nächsten Boden auflegen und dick mit Sahne füllen. Den dritten Boden auflegen und alles mit der restlichen Sahne bestreichen. Die dicken Erdbeeren halbieren, daraufsetzen und zum Schluss die Mandeln darüberstreuen.

Erdbeer-

ZUTATEN

FÜR DEN BISKUIT:

4 Eier
(Eiweiß und Eigelb getrennt)
4 EL heißes Wasser
125 g Zucker
1 P. Vanille- oder Vanillinzucker
125 g Dinkel- oder Weizenmehl
1 gestr. TL Backpulver
4 EL Amaretto
250 g Erdbeerkonfitüre,
Puderzucker

FÜR DIE ERDBEER-MASCARPONE-CREME:

1 000 g frische Erdbeeren,
500 g Mascarpone
250 g Quark oder Joghurt (fettarm)
1 P. Vanille- oder Vanillinzucker
1 – 2 P. gemahlene Gelatine

Mascarpone-Charlotte

Erdbeer-

ZUBEREITUNG

BISKUIT: Eigelb, heißes Wasser, 80 g Zucker und ein Päckchen Vanille-/Vanillinzucker in eine Schüssel geben und schaumig rühren. Dann das Eiweiß mit dem restlichen Zucker steif schlagen und unter die Eigelbmasse geben. Zum Schluss das Mehl und das Backpulver darübersieben und vorsichtig unterrühren, damit die Ei-Masse nicht zusammenfällt. Auf ein mit Backpapier ausgelegtes Backblech geben und 10 – 15 Minuten bei 175 °C im

Mascarpone-Charlotte

Umluftherd backen. Danach auf ein mit Zucker bestreutes Küchentuch stürzen, das Papier abziehen und mit dem Handtuch aufrollen: So entsteht die Biskuitrolle. Kurz abkühlen lassen – Zeit genug, um die Konfitüre mit dem Amaretto zu verrühren. Die Biskuitrolle wieder abrollen, das Handtuch entfernen, die Konfitüre daraufstreichen und wieder zusammenrollen. Abkühlen lassen und dann mit Puderzucker bestreuen.

ERDBEER-MASCARPONE-CREME: Erdbeeren waschen, putzen und vierteln, zuckern und gut durchziehen lassen. Mascarpone und Quark mit Vanille-/Vanillinzucker cremig rühren. Die Gelatine anrühren, mit einer Hälfte die Erdbeeren andicken, mit der anderen Hälfte die Mascarponecreme verrühren. In einer großen Glasschüssel abwechselnd Erdbeeren und Mascarponecreme schichten. Mit einer Cremeschicht abschließen und fest werden lassen. Anschließend auf eine große Kuchenplatte stürzen. Damit dies gelingt, am besten die Schüssel vorher mit dünner Frischhaltefolie auskleiden. Zum Schluss die Biskuitrolle in schmale Streifen schneiden und die gestürzte Erdbeer-Mascarpone-Creme verzieren.

ZUTATEN

FÜR DEN TEIG:

5 Eier
150 g Butter
150 g Zucker
200 g Mehl
1 P. Backpulver
75 g Speisestärke
1 P. Vanillezucker
1 Prise Salz

FÜR DEN BELAG:

750 g TK-Erdbeeren
1 000 g frische Erdbeeren
1 P. Tortenguss Erdbeergeschmack,
3 EL Zucker
1 l Sahne
3 EL Zucker
2 P. Sahnesteif

FÜR DIE DEKORATION:

200 g Haselnuss- oder geröstete Mandelkerne, gehackt

Erdbeerschnitten

ZUBEREITUNG

DIE TK-ERDBEEREN über Nacht in einer Schüssel auftauen lassen.

FÜR DEN TEIG die Eier aufschlagen. Dann die Butter und den Zucker in eine Küchenmaschine geben und langsam rühren (mit dem Handrührgerät geht es auch). Nach und nach die Eier dazugeben. Mehl und Backpulver vermischen und ebenfalls unterrühren. Zum Schluss mit Speisestärke, Vanillezucker und einer Prise Salz vermengen. Ein großes Backblech mit Backpapier auskleiden. Damit es nicht hin- und herrutscht, vorher etwas Wasser (Menge eines Schnapsglases) auf das Backblech gießen. Dann das Backpapier darüber legen und glattstreichen (das Wasser bewirkt eine gute Haftung). Dann den Teig auf dem Blech verstreichen und für 25 Minuten bei 180 °C backen.

FÜR DEN BELAG die frischen Erdbeeren waschen, putzen, klein schneiden und auf den gebackenen Teig legen. Die aufgetauten TK-Erdbeeren aus der Schüssel in einen Topf geben und den Tortenguss (nach Packungsanweisung) sowie den Zucker einarbeiten. Dann die gekochte Erdbeermasse über den belegten Teig verteilen und kalt stellen. Zum Schluss Sahne, Zucker und Sahnesteif schlagen und etwa 1 cm dick auf dem Erdbeerkuchen verteilen.

FÜR DIE DEKORATION die Haselnuss- oder gerösteten Mandelkerne darüberstreuen.

Erdbeerschnitten

Erdbeertorte

ZUTATEN

FÜR BODEN UND RAND:

300 g Löffelbiskuits
150 g Halbfettmargarine
½ Päckchen Sahnesteif

FÜR DIE FÜLLUNG:

750 g Magerquark
600 g Erdbeeren
100 g Erdbeerkonfitüre (ohne Zucker, z. B. aus dem Bioladen)
3 EL Vanillezucker
6 Blatt weiße Gelatine
3 EL Kokosraspel
1 – 2 TL Honig
Abrieb von 1 unbeh. Zitrone

FÜR DIE DEKORATION:

10 Erdbeeren
1 EL Kokosraspel
etwas Zitronenmelisse

Erdbeertorte

ZUBEREITUNG

ERSTE ARBEITSSCHRITTE:

Erdbeeren waschen, putzen und in Scheiben schneiden. 200 g Löffelbiskuits in einen Gefrierbeutel füllen und Beutel verschließen. Mit einem Nudelholz oder einer Flasche die Biskuits krümelig zerkleinern.

BODEN / RAND:

Die Margarine flüssig werden lassen, die Löffelbiskuit-Brösel in eine Rührschüssel geben. Die flüssige Margarine erst mit dem Mixer, dann mit den Händen mit den Bröseln verkneten. Den Rand einer Springform (26 cm Durchmesser) auf eine Kuchenplatte setzen. Den Boden mit der Löffelbiskuitmasse gleichmäßig bedecken, diese dann gut andrücken. Die restlichen Löffelbiskuits halbieren (geht gut mit einer scharfen Schere) und innen hochkant, dicht an dicht, an den Springformrand stellen, so dass ein Rand aus Löffelbiskuits entsteht. Sahnesteif gleichmäßig dünn über den Teigboden in der Form verteilen, damit er nicht durchnässt.

FÜLLUNG:

Blattgelatine nach Packungsanweisung einweichen. Quark mit Vanillinzucker, Honig, Zitronenabrieb und Kokosraspel vermischen. Die eingeweichte Gelatine ausdrücken und vorsichtig erhitzen, bis sie sich aufgelöst hat. Die Erdbeerkonfitüre unter Rühren zur Gelatine geben und diese Mischung mit dem Mixer unter die Quarkmasse ziehen.

FERTIGSTELLUNG / DEKORATION:

Eine dünne Schicht der Quarkmasse gleichmäßig auf dem Löffelbiskuitboden verteilen, anschließend darauf eine dichte Lage Erdbeerscheiben setzen. Dann wieder eine Quarkschicht auftragen und diese mit einer Erdbeerschicht bedecken. Die nächste und oberste Schicht bildet die Quarkmasse. Die Torte für ca. 4 Stunden in den Kühlschrank stellen, damit die Quarkmasse ganz fest werden kann. Die Torte vor dem Servieren mit Erdbeeren, Kokosraspel und Zitronenmelisse garnieren.

Konfitüren

Erdbeer-Limetten-Konfitüre

ZUTATEN *(für ca. 6 Gläser à 220 ml Inhalt)*
1 000 g Erdbeeren
2 unbehandelte Limetten
1 000 g Gelierzucker 1:1
2 Pinnchen Limoncello

Erdbeer-Limetten-Konfitüre

ZUBEREITUNG

DIE ERDBEEREN waschen, entstielen, in kleine Stücke schneiden und in einen großen Topf geben. Die Limetten gründlich mit heißem Wasser abwaschen (siehe Info Seite 24), trocken reiben und mit einem Zestenreißer die Schale in dünnen Streifen abziehen. Die Limetten auspressen. Dann 4 EL Limettensaft mit dem Gelierzucker, den in kleine Stücke geschnittenen Limettenschalen und den Erdbeeren vermengen und über Nacht ziehen lassen.

AM NÄCHSTEN TAG die Mischung aufkochen und 4 Minuten sprudelnd kochen lassen. Dabei immer wieder mit einem langen Holzlöffel umrühren. Danach die Gelierprobe machen. Anschließend von der Herdplatte ziehen, den Zitronenlikör dazugeben und umrühren. Die Konfitüre sofort in sorgfältig, heiß ausgespülte Gläser randvoll einfüllen. Diese fest verschließen und für ca. 5 Minuten auf den Deckel stellen.

TIPP: *Sollte die Gelierprobe ergeben, dass die Konsistenz der Konfitüre noch zu flüssig ist, das Ganze noch für weitere 1–2 Minuten weiterkochen lassen.*

ZUTATEN *(für ca. 6 Gläser à 220 ml Inhalt)*
700 g Erdbeeren
2–3 Orangen (1 unbeh.)
Saft von 1 Zitrone
1 000 g Gelierzucker tropic 1:1

Erdbeer-Orangen-Konfitüre

ZUBEREITUNG

DIE ERDBEEREN waschen, entstielen und zerkleinern. Die unbehandelte Orange heiß abwaschen, trocken reiben und mit einem Zestenreißer die Schale in dünnen Streifen abziehen. Diese anschließend im Saft der ausgepressten Orangen (300 ml mit Fruchtfleisch) 5 Minuten weich kochen.

DANN DIE MASSE zusammen mit Erdbeeren, Zitronensaft und Gelierzucker in einen großen Topf geben und das Ganze 4 Stunden ziehen lassen. Jetzt aufkochen und unter ständigem Rühren 4 Minuten sprudelnd kochen lassen. Die Gelierprobe machen und die Konfitüre heiß in die sorgfältig, heiß ausgespülten Gläser randvoll einfüllen. Diese sofort fest verschließen und für 5 Minuten auf den Deckel stellen.

INFO: *Auch unbehandelte Bio-Zitrusfrüchte, deren Schalenabrieb verwendet wird, müssen unbedingt mit heißem Wasser gründlich abgespült werden. Auch wenn diese ungespritzt sind, nehmen die Pflanzen Schadstoffe aus Luft und Boden auf. Damit sind auch Produkte aus biologischem Anbau nicht gänzlich schadstofffrei.*

Erdbeer-Orangen-Konfitüre

Erdbeer-Rhabarber-Konfitüre

ZUTATEN *(für ca. 6 Gläser à 220 ml Inhalt)*
400 g Rhabarber
600 g Erdbeeren
100 ml Wasser
Saft von 1 Zitrone
900 g Zucker (sehr fein)

Erdbeer-Rhabarber-Konfitüre

ZUBEREITUNG

RHABARBER und Erdbeeren waschen, putzen und in kleine Stücke schneiden. In einem großen Topf mit Wasser, Zitronensaft und Zucker mischen. Über Nacht ziehen lassen.

AM NÄCHSTEN TAG das Ganze aufkochen und mindestens 10 Minuten unter ständigem Rühren sprudelnd kochen lassen. Anschließend die Gelierprobe machen (siehe Tipp von Seite 23).

DIE HEISSE KONFITÜRE in die sorgfältig, heiß ausgespülten Gläser randvoll einfüllen. Diese fest verschließen und für 5 Minuten auf den Deckel stellen.

ZUTATEN *(für ca. 6 Gläser à 220 ml Inhalt)*
1 000 g Erdbeeren
800 g Gelierzucker 1:1
Saft von 1 Zitrone
1 Vanilleschote

Erdbeer-Vanille-Konfitüre

ZUBEREITUNG

DIE ERDBEEREN waschen, putzen, klein schneiden und in einen großen Topf geben. Mit Gelierzucker und Zitronensaft vermengen. Die Vanilleschote halbieren und jeweils in der Länge aufschlitzen. Mit einem spitzen Messer das Mark herauskratzen. Dann Vanillemark und auch die Schotenhälften zur Erdbeeren-Zucker-Mischung hinzufügen. Das Ganze umrühren und über Nacht ziehen lassen.

AM NÄCHSTEN TAG die Mischung aufkochen und 4 – 7 Minuten sprudelnd kochen lassen. Dabei ständig mit einem großen Holzlöffel umrühren.

NACH DER GELIERPROBE (siehe Tipp von Seite 23) die Vanilleschote entfernen und die Konfitüre noch heiß in die sorgfältig, heiß ausgespülten Gläser randvoll einfüllen. Sofort fest verschließen und für 5 Minuten auf den Deckel stellen.

Erdbeer-Vanille-Konfitüre

Desserts

Beschwipster Erdbeer-Ananas-Salat

ZUTATEN *(für 4 Personen)*
500 g Erdbeeren
Schalenabrieb von 1 unbeh. Zitrone
3 EL Limoncello
1 EL Aprikosenkonfitüre
1 Ananas
Zucker nach Belieben
Zitronenmelisse

Beschwipster Erdbeer-Ananas-Salat

ZUBEREITUNG

DIE ERDBEEREN waschen und putzen. Dann 250 g Erdbeeren mit dem Zitronenabrieb, dem Likör und der Aprikosenkonfitüre pürieren. Nach Bedarf noch etwas Zucker dazugeben. Die andere Hälfte der Erdbeeren in dünne Scheiben schneiden.

VON DER ANANAS den Blattschopf und den Boden abschneiden. Dann die Frucht schälen, den Mittelstrunk und die braunen „Augen“ herausschneiden. Anschließend das Fruchtfleisch in ca. 1 cm kleine Würfel schneiden.

DIE ERDBEERSCHEIBCHEN mit den Ananaswürfeln vermengen, in vorher gekühlte Dessertkelche füllen und das Erdbeerpüree darübergeben. Vor dem Servieren mit Melisse-Blättchen dekorieren.

TIPP: *Wer nur auf Vitamine setzt und diesen Fruchtsalat lieber „unbeschwipst“ zubereiten möchte, nimmt statt Zitronenlikör Limettensaft.*

ZUTATEN *(für 4 Personen)*
250 g Erdbeeren
2 Eiweiß
250 ml Schlagsahne (ungeschlagen)
3 Blatt Gelatine
1 000 g Rhabarber
380 g Zucker
6 Amarettini

Creme-Duo

VON ERDBEEREN & RHABARBER

ZUBEREITUNG

ZUNÄCHST 250 g der Erdbeeren im Mixer pürieren. Dann das Erdbeerpüree erhitzen und aufkochen lassen. Die vorher in kaltem Wasser aufgeweichte Gelatine hinzufügen und unterrühren.

DAS EIWEISS zu Schnee schlagen. In einem kleinen Topf 250 ml Wasser mit 80 g Zucker bei 120 °C zu Sirup verkochen. Den Sirup vom Herd nehmen und über den Eischnee geben. Die Mischung weiter schlagen, bis sie ganz erkaltet ist, und dann in das Erdbeerpüree einarbeiten. Die kalte Sahne schlagen und unterziehen. Die Erdbeercreme in Dessertschälchen geben und 4 Stunden kalt stellen.

DEN RHABARBER putzen, in 3 cm dicke Stücke schneiden und zusammen mit 300 g Zucker in einen Topf geben. Aufkochen und 40 Minuten köcheln lassen. In regelmäßigen Abständen umrühren, bis der Rhabarber zum Kompott eingekocht ist. Anschließend vom Herd nehmen und erkalten lassen.

DAS RHABARBERKOMPOTT auf die Erdbeercreme in die Dessertschälchen geben und jeweils mit einem Amarettino dekorieren.

Creme-Duo

VON ERDBEEREN & RHABARBER

Erdbeer-Brombeer-Tiramisu

TIPP: *Wer das Erdbeer-Brombeer-Tiramisu lieber ohne Alkohol zubereiten und genießen möchte, nimmt statt Cointreau Orangensaft.*

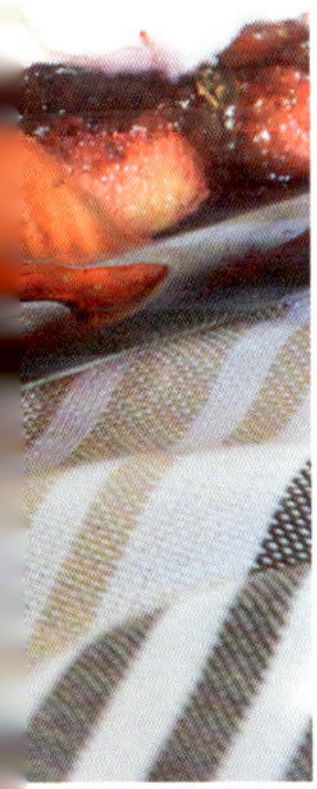

ZUTATEN *(für 4 Personen)*

250 g Erdbeeren
250 g Brombeeren
2 EL lösliches Kaffeepulver
250 ml süße Sahne
250 g Doppelrahmfrischkäse
250 g Magerquark
8 EL Zucker (evtl. weniger, nach Belieben)
2 EL Zitronensaft
1 P. Vanillinzucker
ca. 200 g Löffelbiskuit
2 EL Cointreau
Schokoraspel zum Verzieren

Erdbeer-Brombeer-Tiramisu

ZUBEREITUNG

DIE ERDBEEREN waschen, putzen und vierteln. Die Brombeeren waschen und pürieren. Dann das Fruchtpüree durch ein Sieb passieren, um die Kerne aufzufangen. Das Kaffeepulver in ca. 80 ml heißem Wasser auflösen und abkühlen lassen.

DIE SAHNE steif schlagen. Dann den Frischkäse mit Quark, Zucker, Zitronensaft und Vanillinzucker verrühren. Die geschlagene Sahne unterheben.

EINE GRATINFORM mit Löffelbiskuit auslegen. Mit dem aufgelösten Kaffee und Cointreau beträufeln. Zuerst die pürierten Brombeeren und dann die Erdbeeren daraufschichten. Anschließend die Frischkäse-Creme daraufstreichen. Mit Schokoraspel verzieren und kühl stellen.

ZUTATEN *(für 4 Personen)*

500 g Erdbeeren
4 EL Grand Marnier
2 frische Eigelb
100 g flüssiger heller Honig (z. B. Akazienhonig)
1 TL Abrieb von 1 unbeh. Bio-Orange
180 g süße Sahne

FÜR DIE DEKORATION:

gehackte Pistazien
4 Physalis
Puderzucker zum Bestäuben

Erdbeer-Honig-Parfait

ZUBEREITUNG

DIE ERDBEEREN waschen und entstielen. Anschließend mit dem Mixer fein pürieren (einige Früchte für die Dekoration beiseitelegen).

ÜBER DEM HEISSEN Wasserbad Orangenlikör, Eigelb und Honig in einer Schüssel schaumig schlagen, bis die Masse eine dickflüssige Konsistenz erhält. Die pürierten Erdbeeren und den Orangenabrieb in die Eigelb-Honig-Mischung einrühren. Die Sahne steif schlagen und ebenfalls vorsichtig unterheben.

EINE KASTENFORM (25 cm Länge) mit Frischhaltefolie auskleiden, die Parfaitmasse hineingeben und mit der überhängenden Folie bedecken. Anschließend für mindestens 6 Stunden ins Gefrierfach stellen.

VOR DEM SERVIEREN die Dessertteller mit Puderzucker bestäuben und jeweils mit einer Physalis garnieren. Dann die Parfaitform aus dem Gefrierfach nehmen und kurz ins heiße Wasser tauchen, damit sich das Parfait im nächsten Schritt leichter stürzen lässt. Das Parfait in Scheiben schneiden, auf die Teller geben und mit ganzen Erdbeeren und gehackten Pistazien abschließend dekorieren.

TIPP: *Bei der nicht-alkoholischen Variante dieses Desserts ersetzt man den Orangenlikör einfach durch Orangensaft.*

Erdbeer-Honig-Parfait

INFO: *Nicht vergessen: Auch Bio-Orangen müssen vorher gründlich mit heißem Wasser abgespült werden, bevor man den Schalenabrieb zur Zubereitung verwendet.*

Erdbeer-Mango-Salat

MIT CHILISCHOKOLADE

Die richtige Temperatur zum Schmelzen von Schokolade:
Dunkle Schokolade: je nach Kakaoanteil bis zu 58 °C
Vollmilchschokolade: maximal 43 °C
Weiße Schokolade: maximal 40 °C
Die ideale Temperatur zur Weiterverarbeitung: 30–32 °C

ZUTATEN *(für 4 Personen)*

Schalenabrieb von 1 unbeh. Bio-Orange
300 ml frisch gepresster Orangensaft
2 EL Zitronensaft
2 EL Zucker
25 g Speisestärke (z. B. Maisstärke)
500 g Erdbeeren
1 reife Mango
Minzeblättchen, gehackt
2 EL Cognac nach Belieben

AUSSERDEM:

150 g Chili-Zartbitter-schokolade
flüssige Sahne

Erdbeer-Mango-Salat

MIT CHILISCHOKOLADE

ZUBEREITUNG

ORANGENABRIEB, Orangensaft, Zitronensaft, Zucker und Speisestärke in einem Topf unter Rühren kurz aufkochen und wieder abkühlen lassen.

DIE ERDBEEREN WASCHEN, entstielen und vierteln. Die Mango schälen und in Filets schneiden. Dann die Früchte mit den gehackten Minzeblättchen vermengen. Die Orangensauce nach Belieben mit Cognac verfeinern und über den Fruchtsalat geben. Alles gut miteinander vermengen.

VOR DEM SERVIEREN in einem Topf die Chilischokolade unter Rühren, in flüssiger Sahne schmelzen und etwas davon in einen Spritzbeutel mit Tülle füllen. Damit die Dessertteller dekorieren. Die restliche Schokolade in einer Sauciere separat zum Fruchtsalat servieren.

INFO: *Schokolade sollte bei niedrigen Temperaturen geschmolzen werden, da sie sehr hitzeempfindlich ist. Wird sie zu stark erwärmt, ist sie am Ende bei der Weiterverarbeitung brüchig und klumpig.*

ZUTATEN *(für 4 Personen)*
300 g Erdbeeren
1 Eiweiß, 60 g Zucker
250 g Schlagsahne, 2 Blatt Gelatine
12 Biscuits roses de Reims (alternativ Löffelbiskuits)
600 ml Nektar aus roten Beeren

Fruchtiges Erdbeermousse

ZUBEREITUNG

ZUNÄCHST 10 Kekse (bzw. Löffelbiskuits) zerbröseln. Dann 250 g der gewaschenen und gemahlenen Erdbeeren im Mixer pürieren, aufkochen und die vorher in kaltem Wasser aufgeweichte Gelatine unterrühren.

DAS EIWEISS zu Schnee aufschlagen. In einem kleinen Topf 200 ml Wasser mit dem Zucker bei 120 °C zu Sirup aufkochen und über den Eischnee geben. Die Mischung so lange aufschlagen, bis sie gänzlich erkaltet ist. Dann zum Erdbeerpüree hinzufügen und unterrühren. Die Sahne kräftig aufschlagen und unterziehen. Dann 3 EL der Keks-Brösel in die Dessertschälchen geben und anschließend die Hälfte der Erdbeermousse darauf verteilen. Die restlichen Kekse halbieren, in den Fruchtnektar tunken und jeweils auf die Mousse in die Dessertschälchen geben. Abschließend mit der restlichen Mousse bedecken und für 2 Stunden in den Kühlschrank stellen.

VOR DEM SERVIEREN die restlichen Keksbrösel auf die Dessertschälchen verteilen und das Dessert mit den restlichen Erdbeeren dekorieren.

INFO: *Biscuits roses de Reims: Dieses knackige Gebäck wurde im Jahr 1690 in Reims kreiert. Heute werden die „rosa Kekse aus Reims" nur noch von der Biskuitmanufaktur Fossier hergestellt. Sie schmecken nicht nach Rosen, sondern sehen wegen der Zutat Karmin nur rosa aus. Dieses sehr spezielle Gebäck entfaltet sein Aroma erst, wenn es vorher traditionsgemäß in Champagner – oder wie in diesem Rezept in Fruchtnektar – getunkt wird.*

Fruchtiges Erdbeermousse

Gebackene Erdbeeren

IN WEISSWEINSABAYON

TIPP: *Zur weiteren Verfeinerung kann man dieses Dessert zusätzlich noch mit feiner Schokolade und einigen Kiwi-Scheiben dekorieren.*

ZUTATEN *(für 4 Personen)*
4 Eigelb
165 g Zucker
450 ml Weißwein
Zitronensaft, Orangenlikör
Mark von ½ Vanilleschote
250 g Mehl
250 g gewaschene, geputzte Erdbeeren
2 Eiweiß, 1 Prise Salz
500 g heißes Frittierfett

Gebackene Erdbeeren

IN WEISSWEINSABAYON

ZUBEREITUNG

FÜR DIE WEISSWEINSABAYON 2 Eigelb, 100 g Zucker, 250 ml Weißwein, 1 Spritzer Zitronensaft und 1 Schuss Orangenlikör zusammen über kochendem Wasser aufschlagen, bis die Masse bindet. Mit weiteren 200 ml Weißwein und 2 Eigelb glatt rühren. Dann das Mark einer ½ Vanilleschote dazugeben und mit dem Mehl zu einem Teig vermengen. Den Teig ausquellen lassen.

FÜR DAS ERDBEERPÜREE 125 g Erdbeeren mit 50 g Zucker, etwas Zitronensaft und Orangenlikör pürieren.

FÜR DIE FERTIGSTELLUNG 2 Eiweiß, 15 g Zucker und 1 Prise Salz steif schlagen und vorsichtig unter den Teig heben. Die restlichen Erdbeeren (125 g) in den Teig tauchen und kurz in dem heißen Frittierfett backen.

DIE FRITTIERTEN ERDBEEREN aufschneiden und mit der Weißweinsabayon und dem Erdbeerpüree servieren.

ZUTATEN *(für 4 Personen)*
250 g Erdbeeren
2 EL Zucker
2 EL Zitronenlikör, z. B. Limoncello
1 Limone
250 g Mascarpone
3 – 4 EL Zucker
100 ml Sahne

Limonen-Mascarpone-Creme

MIT ERDBEEREN

ZUBEREITUNG

DIE ERDBEEREN waschen, putzen und halbieren. Anschließend mit dem Zucker bestreuen und mit dem Zitronenlikör aromatisieren. Die Limone mit heißem Wasser gründlich abwaschen und abtrocknen. Mit einem Zestenreißer dünne Streifen von der Schale abziehen. Anschließend den Limonensaft auspressen.

MASCARPONE mit Limonensaft, Zucker und Sahne verrühren, die Limonenzesten zu zwei Dritteln hinzufügen. Die Mascarponecreme in Dessertschalen geben, die Erdbeeren hinzufügen und das Dessert mit den restlichen Limonenstreifen dekorieren.

TIPP: *Statt mit einem Zestenreißer kann man die Limone genauso gut mit einem Sparschäler schälen und die Schale dann in feine Streifen schneiden.*

Limonen-Mascarpone-Creme

MIT ERDBEEREN

Palatschinken

MIT ERDBEER-QUARK-FÜLLUNG

ZUTATEN *(für 4 Personen)*

FÜR DEN PALATSCHINKEN:

2 Eier
6 EL Mehl
Milch
evtl. Mineralwasser
Butter

FÜR DIE FÜLLUNG:

500 g Erdbeeren
125 g Quark
2 EL heller Honig

AUSSERDEM:

Puderzucker für die Dekoration

Palatschinken

MIT ERDBEER-QUARK-FÜLLUNG

ZUBEREITUNG

FÜR DEN TEIG die Eier mit dem Schneebesen verquirlen. Dann das Mehl und so viel Milch hinzufügen, dass ein dünnflüssiger Teig entsteht. Diesen gründlich verrühren, bis keine Klümpchen mehr enthalten sind. Den Teig etwa 30 – 60 Minuten ausquellen lassen.

IN EINER BESCHICHTETEN PFANNE Butter zerlassen und mit einer Schöpfkelle so viel Teig hineingeben, dass der Pfannenboden dünn bedeckt ist. Wenn die eine Seite fest ist, den Pfannkuchen wenden und die andere Seite backen. Anschließend warm stellen.

FÜR DIE FÜLLUNG die Erdbeeren waschen, putzen und vierteln. Dann Quark und Honig verrrühren und die Erdbeeren dazugeben. Die Erdbeer-Quark-Mischung auf die Palatschinken geben, diese dann einrollen.

VOR DEM SERVIEREN die Palatschinken mit Puderzucker bestäuben.

ZUTATEN *(für 4 Personen)*

FÜR DIE ERDBEERSAUCE:
250 g Erdbeeren
30 g Puderzucker
2 Blatt Gelatine

FÜR DIE PANNA COTTA:
200 ml süße Sahne
150 ml Milch
75 g weiße Schokolade

Panna Cotta

MIT ERDBEERSAUCE & WEISSER SCHOKOLADE

ZUBEREITUNG

FÜR DIE ERDBEERSAUCE die Erdbeeren waschen, abtropfen lassen, putzen und klein schneiden. Dann die Früchte zusammen mit dem Puderzucker im Mixer pürieren.

DAS ERDBEERPÜREE zusammen mit 6 EL Wasser in einen Topf geben und aufkochen. Ein Blatt Gelatine in kaltem Wasser aufweichen und einrühren. Die Erdbeersauce 2 Minuten kochen lassen. Anschließend in 4 heiß ausgespülte Dessertgläser geben und in den Kühlschrank stellen, damit die Sauce geliert.

FÜR DIE PANNA COTTA Sahne und Milch aufkochen und die weiße Schokolade darin schmelzen. Das zweite, in kaltem Wasser aufgeweichte Blatt Gelatine hinzufügen und einarbeiten. Anschließend die Panna Cotta auf die Dessertgläser verteilen.

VOR DEM SERVIEREN mindestens 4 Stunden kalt stellen.

TIPP: *Wer keine Gelatine verwenden möchte, nimmt stattdessen jeweils ½ TL Agar-Agar.*

Panna Cotta

MIT ERDBEERSAUCE & WEISSER SCHOKOLADE

Überbackenes Beerenpotpourri

MIT AMARETTO

ZUTATEN *(für 4 Personen)*
175 g Erdbeeren
175 g rote Johannisbeeren
175 g Himbeeren
250 ml süße Sahne
3 Eier
20 ml Amaretto
Puderzucker (Menge nach Belieben)

Überbackenes Beerenpotpourri

MIT AMARETTO

ZUBEREITUNG

DIE FRÜCHTE waschen und entstielen. Die Erdbeeren eventuell halbieren. Die Früchte in feuerfeste Formen mit erhöhtem Rand schichten.

DIE EIER TRENNEN. Die Sahne, Eigelb und Amaretto mit dem Handmixer verquirlen. Das Eiweiß zu Schnee aufschlagen. Die Eimischung dann vorsichtig unter den Eischnee rühren und über die Fruchtmischung geben. Anschließend im Backofen bei 240 °C Ober- und Unterhitze ca. 5 Minuten überbacken.

VOR DEM SERVIEREN mit Puderzucker bestäuben.

TIPP: *Wer dieses Dessert kalorienarm genießen möchte, greift für die Zubereitung statt zu süßer Sahne zu Buttermilch.*

Cocktails & Co.

Erdbeer-Ananas-Shake

ZUTATEN *(für 4 Personen)*
400 g Erdbeeren
1 reife Babyananas
1 unbeh. Orange
1 unbeh. Limette
1 Vanilleschote
500 ml Milch
100 ml Sahne

Erdbeer-Ananas-Shake

ZUBEREITUNG

DIE ERDBEEREN waschen, entstielen und klein schneiden. Einige Früchte ganz lassen und für die Garnitur beiseitelegen. Von der Ananas den Blattschopf und den Boden abschneiden. Dann die Frucht schälen, den Mittelstrunk und die braunen „Augen“ herausschneiden. Anschließend das Fruchtfleisch in ca. 1 cm kleine Würfel schneiden.

DIE ORANGE und die Limette halbieren und auspressen. Erdbeeren und Ananaswürfel zusammen mit dem Orangen- und Limettensaft in einen Mixer geben. Die Vanilleschote längs aufschlitzen, das Mark mit einem spitzen Messer herauskratzen und zusammen mit Milch und Sahnc ebenfalls hinzufügen. Alles gut verquirlen und in gekühlte Gläser geben. Mit den Erdbeeren garnieren.

ZUTATEN *(für 4 Personen)*
500 g Erdbeeren
1 Limette
750 ml Buttermilch
200 g Zitroneneis
2 EL Ahornsirup

Erdbeer-Buttermilch-Shake

ZUBEREITUNG

DIE ERDBEEREN waschen, entstielen und (bis auf einige Früchte für die Garnitur) klein schneiden. Die Limette halbieren und auspressen.

BUTTERMILCH, LIMETTENSAFT, Erdbeeren, Zitroneneis und Ahornsirup in einen Mixer geben und auf höchster Stufe mixen. In Cocktailgläser geben.

Erdbeer-Buttermilch-Shake

Erdbeer-Holunder-Cocktail

ALKOHOLISCH

ZUTATEN *(für 6 Portionen)*
150 g Kristallzucker
75 ml Wasser
3 unbeh. Zitronen
2 Msp. Vanillezucker
375 g Erdbeeren
100 ml Holunderblütensirup
Trockener Sekt

Erdbeer-Holunder-Cocktail

ALKOHOLISCH

ZUBEREITUNG

DEN KRISTALLZUCKER zusammen mit Wasser in einen kleinen Topf geben und köcheln, bis der Zucker sich aufgelöst hat. Die Zitronen auspressen und ihren Saft mit dem Vanillezucker verrühren. Die Erdbeeren waschen, putzen und vierteln. Dann mit dem Zitronensirup übergießen und 1 Stunde kühl stellen.

DIE ERDBEEREN in die Gläser verteilen. Den Holunderblütensirup darauf verteilen und mit Sekt auffüllen.

TIPP: *Wer diesen Cocktail lieber antialkoholisch genießen möchte, nimmt statt Sekt Mineralwasser.*

ZUTATEN *(für 4 Personen)*
300 g Erdbeerbeeren
200 g Johannisbeeren
500 ml Wasser
300 g Zucker
50 ml Zitronensaft
150 ml Orangensaft
250 ml Wodka

Erdbeer-Johannisbeer-Likör

ZUBEREITUNG

DIE ERDBEEREN waschen, entstielen und klein schneiden. Die Johannisbeeren waschen und von den Rispen streifen.

WASSER UND ZUCKER aufkochen, bis sich der Zucker aufgelöst hat, dann abkühlen lassen.

DIE FRÜCHTE pürieren und mit dem Zuckerwasser, Zitronensaft, Orangensaft und Wodka verrühren. In Flaschen abfüllen und kalt stellen.

Erdbeer-Johannisbeer-Likör

Erdbeerlimes

TIPP: *Erdbeerlimes ist ein idealer Starter für jede Sommerparty und lässt sich in punkto Alkoholgehalt gut variieren, ohne dass der Genuss geschmälert wird. Wer ihn noch alkoholischer mag, nimmt mehr Wodka und weniger Sekt. Umgekehrt kann man eine weniger alkoholische Variante mit mehr Erdbeeren und Limettensaft und dafür weniger Wodka zubereiten. Lecker ist's in jedem Fall.*

ZUTATEN *(für 4 Personen)*
600 g frische Erdbeeren
200 ml Wodka
300 ml Limettensaft (frisch gepresst)
50 ml Erdbeersirup
200 ml Sekt

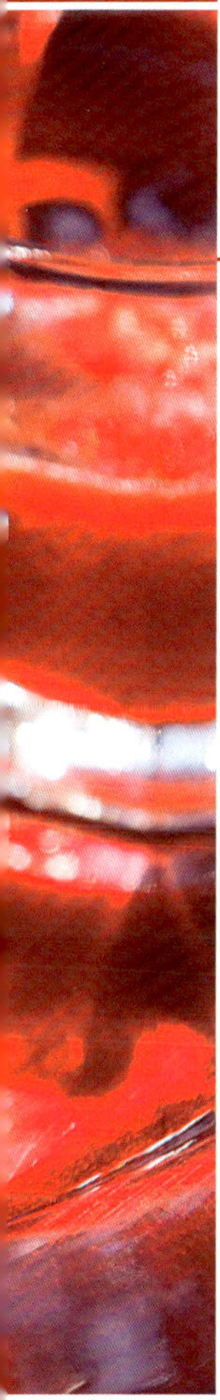

Erdbeerlimes

ZUBEREITUNG

DIE ERDBEEREN waschen, abtropfen lassen, entstielen und vierteln. Anschließend die Früchte im Mixer pürieren. Wodka, Limettensaft und Erdbeersirup dazugeben und alles noch einmal mixen. Dann mit Sekt langsam aufgießen und umrühren. In eine Flasche füllen und kalt stellen.

In kleinen Schnapsgläsern kalt servieren.

TIPP: *Für diesen **„Turbo-Smoothie“** macht man auch den Erdbeersirup am besten selbst: aus frisch gepflückten Erdbeeren und auf Vorrat. Das ist schnell erledigt.*

MAN BRAUCHT:
1 000 g reife Erdbeeren
1 200 g Zucker
600 ml Wasser
Zitronensaft

SO GEHT'S: Erdbeeren waschen, entstielen und vierteln. Zucker mit Wasser zum Kochen bringen, den Zitronensaft hinzufügen (Menge nach Geschmack) und die Erdbeeren dazugeben. Das Ganze 5 Minuten kochen lassen. Dann die Fruchtmasse durch ein feines Sieb pürieren. Den Sirup noch einmal aufkochen und in sterilisierte Gläser füllen.

ZUTATEN *(für 4 Personen)*
150 g Erdbeeren
100 g Melonenfruchtfleisch (Cantaloupe)
1 EL Zucker
2 TL Limettensaft
1 Flasche Prosecco (kalt)

Erdbeer-Melonen-Aperitif

ALKOHOLISCH

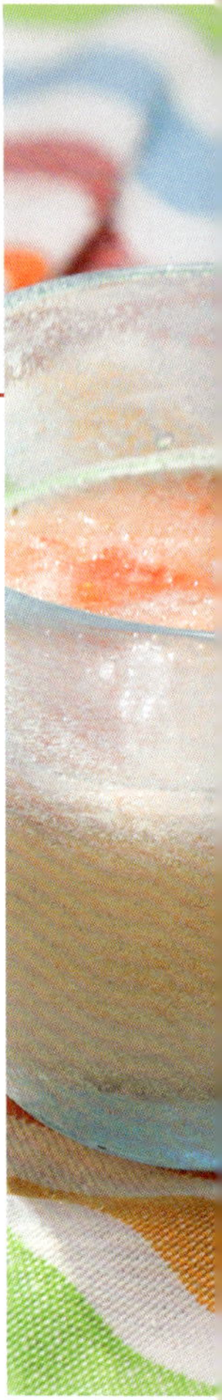

ZUBEREITUNG

DIE ERDBEEREN waschen, abtropfen lassen, entstielen und klein schneiden. 4 Früchte für die Dekoration beiseitelegen.

DAS MELONENFRUCHTFLEISCH entkernen und ebenfalls klein schneiden. Zusammen mit den Erdbeeren mit Zucker und Limettensaft vermengen. Anschließend die Fruchtmasse pürieren und kalt stellen.

ZUM SERVIEREN das Fruchtpüree in eine Karaffe geben und mit dem Prosecco langsam aufgießen. In Sektgläser füllen, die zurückbehaltenen ganzen Erdbeeren einschneiden und jeweils auf den Glasrand setzen.

TIPP: *Dieser Aperitif schmeckt natürlich auch mit Sekt wunderbar. Statt der Cantaloupe-Melone kann man natürlich auch eine Honig- oder Wassermelone verwenden. Sie sind weniger süß. Dann evtl. etwas mehr Zucker nehmen.*

Erdbeer-Melonen-Aperitif

ALKOHOLISCH

Erdbeer-Pfirsich-Smoothie

ZUTATEN *(für 4 Personen)*

250 g vollreife Erdbeeren
2 Pfirsiche
4 EL Puderzucker
2 Vanilleschoten
250 ml Milch (3,5 % Fettgehalt)
200 g Naturjoghurt

Erdbeer-Pfirsich-Smoothie

ZUBEREITUNG

DIE ERDBEEREN waschen, entstielen und klein schneiden. Die Pfirsiche häuten. Das geht eventuell einfacher, wenn man die Pfirsiche in heißes Wasser legt, kurz ziehen lässt und dann häutet. Dann die Pfirsiche halbieren, entkernen und das Fruchtfleisch ganz klein würfeln.

ERDBEEREN UND PFIRSICHE mit Puderzucker mischen und kurz Saft ziehen lassen. Währenddessen die Vanilleschoten in der Länge aufschlitzen und mit einem spitzen Messer das Mark herauskratzen. Die Früchte mit Vanillemark, Milch und Joghurt pürieren und in Gläser füllen.

Vorspeisen, Hauptspeisen & Salate

Erdbeercarpaccio mit Parmaschinken

ZUTATEN *(für 4 Personen)*
250 g Erdbeeren
100 g Parmaschinken, in hauchdünnen Scheiben
2 TL Balsamicoessig (hell)
1 TL hochwertiges Olivenöl
1 EL Basilikumblätter
Salz, schwarzer Pfeffer aus der Mühle
Parmesan

Erdbeercarpaccio mit Parmaschinken

ZUBEREITUNG

DIE ERDBEEREN waschen, entstielen und in sehr feine Scheiben schneiden. Zusammen mit dem Schinken auf 4 Tellern anrichten.

ESSIG MIT SALZ und Pfeffer verrühren. Das Öl unterschlagen. Das Carpaccio mit der Vinaigrette beträufeln und mit Basilikum garnieren. Parmesan nach Belieben darüber hobeln.

ZUTATEN *(für 4 Personen)*
200 g Feldsalat
200 g Erdbeeren
1 EL Erdbeeressig
1 TL mittelscharfer Senf
3 EL Olivenöl
schwarzer Pfeffer aus der Mühle
2 Zweige frische Minze
Schafskäse nach Belieben

Feldsalat mit Erdbeeren & Schafskäse

ZUBEREITUNG

DEN FELDSALAT verlesen, gründlich waschen und in eine Schüssel geben. Die Erdbeeren waschen, entstielen und vierteln. Auf den Salat geben und Schafskäse (Menge nach Belieben) darüber bröseln. Die Minze waschen, klein schneiden und zum Salat hinzufügen.

FÜR DAS DRESSING Essig und Senf verrühren. Dann das Öl unterschlagen. Über den Salat geben und unterheben. Zum Schluss mit Pfeffer abschmecken.

Feldsalat mit Erdbeeren & Schafskäse

Friséesalat mit Erdbeeren & Spargel

ZUTATEN *(für 4 Personen)*

300 g weißer Spargel
1 Prise Zucker
400 g Erdbeeren
1 kleiner Kopf Friséesalat
100 g Kresse
2 EL Erdbeeressig (siehe S. 81)
4 EL Sonnenblumenöl
Salz, schwarzer Pfeffer aus der Mühle
3 EL Sonnenblumenkerne

Friséesalat mit Erdbeeren & Spargel

ZUBEREITUNG

DEN SPARGEL waschen und schälen, die holzigen Enden abschneiden. In mundgerechte Stücke schneiden und in reichlich Salzwasser mit einer Prise Zucker bissfest garen. Abtropfen und abkühlen lassen.

DIE ERDBEEREN waschen, entstielen und vierteln. Den Friséesalat und die Kresse putzen, waschen, den Salat in mundgerechte Stücke zupfen.

SPARGEL, Erdbeeren, Salat und Kresse mischen und auf 4 Teller verteilen.

FÜR DIE VINAIGRETTE Essig, Salz und Pfeffer verrühren. Dann das Öl unterschlagen. Noch einmal abschmecken und die Vinaigrette über den Salat geben.

VOR DEM SERVIEREN Sonnenblumenkerne ohne Fett in der Pfanne leicht anrösten und den Salat damit garnieren.

ZUTATEN *(für 4 Personen)*
400 g weißer Spargel
400 grüner Spargel
300 g Hähnchenbrustfilet
200 g Erdbeeren
2 EL Olivenöl zum Anbraten
Limettensaft
1 Prise Salz, 1 Prise Zucker, 1 Prise Pfeffer
2 EL Butterschmalz
Kresse für die Garnitur

Gebratener Spargel mit Erdbeeren

ZUBEREITUNG

SPARGEL ABWASCHEN. Den weißen Spargel schälen und die holzigen Enden abschneiden. Vom grünen Spargel nur das untere Drittel schälen. Die Spargelstangen in dünne Scheiben schneiden.

DAS HÄHNCHENBRUSTFILET gründlich abwaschen, mit Küchenkrepp trocken tupfen. Eventuell parieren und in dünne Streifen schneiden. Die Erdbeeren waschen, entstielen und vierteln.

IN EINER TIEFEN PFANNE den weißen Spargel in Öl anbraten, dann den grünen Spargel hinzufügen und mit braten. Mit einem Schuss Limettensaft, Salz, Zucker und Pfeffer würzen. Die Erdbeeren hinzufügen und kurz durchschwenken.

IN EINER SEPARATEN PFANNE die Hähnchenbruststreifen in Butterschmalz goldbraun braten.

DIE SPARGEL-ERDBEEREN-MISCHUNG auf die Teller geben, die gebratenen Hähnchenstreifen darauf legen und mit etwas Kresse garnieren.

Gebratener Spargel mit Erdbeeren

Grüner Eichblattsalat

MIT ERDBEEREN & HÄHNCHENBRUST

ZUTATEN *(für 4 Personen)*

4 Hähnchenbrustfilets
1 grüner Eichblattsalat
250 g Erdbeeren
4 EL Erdbeeressig
6 EL Olivenöl
Salz, Pfeffer aus der Mühle

Grüner Eichblattsalat

MIT ERDBEEREN & HÄHNCHENBRUST

ZUBEREITUNG

DIE HÄHNCHENBRUSTFILETS waschen und mit Küchenkrepp trocken tupfen. In einer Pfanne in 2 EL Olivenöl von beiden Seiten goldbraun anbraten. Vom Herd nehmen, abkühlen lassen und in dünne Streifen schneiden.

DEN EICHBLATTSALAT putzen, waschen und trocken schleudern. Die Erdbeeren waschen, entstielen und abtropfen lassen. Eventuell halbieren.

FÜR DIE ERDBEERVINAIGRETTE Erdbeeressig mit Salz und Pfeffer vermengen. Dann erst das restliche Olivenöl dazugeben und verrühren.

DEN EICHBLATTSALAT und die Erdbeeren auf den Tellern anrichten. Die Vinaigrette darüber träufeln und den Salat mit den Hähnchenbruststreifen belegen.

TIPP: *In der Erdbeersaison kann man* ***Erdbeeressig*** *wunderbar selbst zubereiten und bevorraten.*

MAN BRAUCHT
für 2 Liter Erdbeeressig:
ca. 400 g vollreife Erdbeeren
2 l Apfelessig
2 TL Honig

SO GEHT'S: Die Erdbeeren waschen, abtropfen lassen, entstielen und vierteln. In einen Topf geben und mit Apfelessig übergießen. Die Früchte, den Honig und den Apfelessig langsam auf ca. 30 °C erhitzen. Gelegentlich mit einem Holzlöffel umrühren. Anschließend durch ein Sieb gießen und in Flaschen abfüllen.

ZUTATEN *(für 4 Personen)*

FÜR DAS CHUTNEY:
400 g Erdbeeren,
100 g Zwiebeln
65 ml Rotweinessig
100 g brauner Zucker
1 Stk. frischer Ingwer (1 cm)
evtl. 1 Knoblauchzehe
1,5 TL Salz, 0,5 TL grüner Pfeffer

AUSSERDEM:
4 dünne Kalbsschnitzel à ca. 120 g
4 Scheiben gekochter Schinken
(in hauchdünnen Scheiben)
100 g Roquefortkäse
Öl. Salz, Pfeffer, 2 Zwiebeln
100 ml Weißwein, 100 ml Wasser
1 EL Speisestärke

Kalbsschnitzel mit Erdbeer-Chutney

ZUBEREITUNG

FÜR DAS CHUTNEY Erdbeeren waschen, entstielen und klein schneiden. Zwiebeln abziehen und fein würfeln. Dann Erdbeeren und Zwiebelwürfel mit Rotweinessig und Zucker in einem Topf unter Rühren aufkochen. Ingwer und ggf. Knoblauch durch eine Presse dazugeben. Auf kleiner Flamme weiterköcheln lassen und dabei ab und zu umrühren. So lange einreduzieren lassen, bis die Mischung eine dickere Konsistenz bekommt. Dann salzen und pfeffern. Das Chutney noch heiß in ein sorgfältig, heiß ausgespültes Marmeladenglas füllen und fest verschließen. Auf den Deckel stellen und abkühlen lassen.

KALBSSCHNITZEL waschen, trocken tupfen und wie die Scheiben vom gekochten Schinken quer halbieren. Den Roquefort in 8 Stücke teilen. Dann jedes Schnitzel mit einer Scheibe Schinken und einem Stück Roquefort belegen. Aufrollen und mit Holzspießchen feststecken. Öl in einer Pfanne erhitzen und das Fleisch darin rundherum anbraten. Anschließend salzen und pfeffern. Zwiebeln abziehen, würfeln, zum Fleisch geben und mit braten. Mit Weißwein und Wasser ablöschen und zugedeckt bei mittlerer Hitze 15 Minuten schmoren. Dann die Fleischröllchen herausnehmen und warm stellen.

FÜR DIE SAUCE Speisestärke mit etwas kaltem Wasser glatt rühren. In den Schmorfond einrühren, diesen noch einmal aufkochen und abschmecken. Kalbsröllchen nach Belieben aufschneiden und mit Sauce und Chutney auf Tellern anrichten.

Kalbsschnitzel mit Erdbeer-Chutney

TIPP: *Dazu passen Kroketten und ein leckeres Gemüse wie z. B. Brokkoli oder Karotten ausgezeichnet.*

Rucola-Erdbeer-Salat mit Mozzarella

Gebratener Spargel

MIT PARMESAN

Spargel-Ideen der „Leckere …" -Erfolgsreihe.

Wir lieben das Landleben.

...einfach

Tolle Rezepte zu den verschiedensten Themen. Keine überladenen Ideen,

Leckere
Torten-Träume 1
96 Seiten,
Spiralbindung
€ 9,95
ISBN 978-3-7843-5025-7

Leckere
Torten-Träume 2
96 Seiten,
Spiralbindung
€ 9,95
ISBN 978-3-7843-5182-7

Leckere
Festtags-Torten
104 Seiten,
Spiralbindung
€ 9,95
ISBN 978-3-7843-5092-9

Leckere
Schnelle
Rührkuchen
96 Seiten,
Spiralbindung
€ 9,95
ISBN 978-3-7843-5093-6

Leckere
Kuchen-Desserts
96 Seiten,
Spiralbindung
€ 9,95
ISBN 978-3-7843-5035-6

Leckere
Marmeladen-
Rezepte
96 Seiten,
Spiralbindung
€ 9,95
ISBN 978-3-7843-5126-1

Leckere
Erdbeer-
Zaubereien
96 Seiten,
Spiralbindung
€ 9,95
ISBN 978-3-7843-5127-8

Leckere
Spargel-Rezepte
96 Seiten,
Spiralbindung
€ 9,95
ISBN 978-3-7843-5073-8

Leckere
Grünkohl-Rezepte
96 Seiten,
Spiralbindung
€ 9,95
ISBN 978-3-7843-5138-4

Leckere
Pilz-Rezepte
96 Seiten,
Spiralbindung
€ 9,95
ISBN 978-3-7843-5125-4

ZUTATEN *(für 4 Personen)*
250 g Erdbeeren
2 Bund Rucola
80 g Pinienkerne
2 EL dunkler Balsamico
4 EL Olivenöl
Meersalz, Pfeffer aus der Mühle
1 Kugel Mozzarella

Rucola-Erdbeer-Salat mit Mozzarella

ZUBEREITUNG

DIE ERDBEEREN waschen, abtropfen lassen, entstielen und in Scheiben schneiden. Den Rucola verlesen, waschen und trocken schleudern. Die Pinienkerne in einer Pfanne ohne Fett goldbraun rösten.

FÜR DAS DRESSING den Balsamico mit Salz und Pfeffer vermengen, danach das Öl unterschlagen.

RUCOLA, ERDBEEREN UND PINIENKERNE mit dem Dressing vermengen und auf den Tellern anrichten. Zum Schluss den Mozzarella klein würfeln und über den Salat verteilen.

DAZU passt ein knuspriges Baguette.

ZUTATEN *(für 4 Personen)*
400 g Erdbeeren
2 Zwiebeln
2 EL Butter
4 EL Erdbeermarmelade
Saft und Abrieb von 1 Zitrone
1 TL Senfkörner, gemahlen
1 EL Ingwer, gerieben
Salz, Cayennepfeffer
4 Thunfischsteaks à 150 g
Meersalz
6 EL Sesam
2 EL Olivenöl zum Braten

Thunfischsteak

MIT PIKANTEN GEWÜRZ-ERDBEEREN

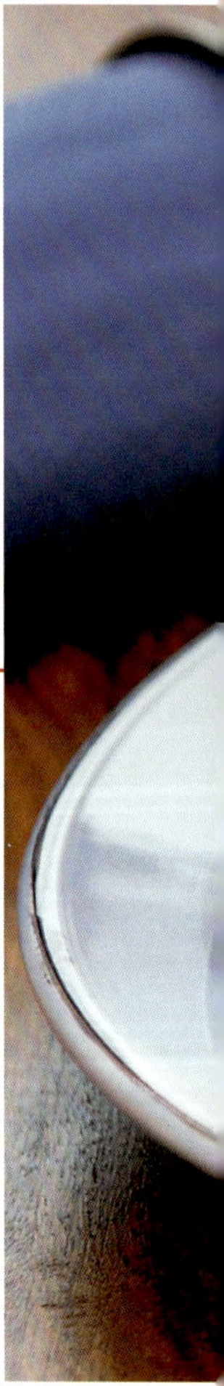

ZUBEREITUNG

DIE ERDBEEREN waschen, entstielen und vierteln. Die Zwiebeln abziehen, würfeln und in Butter glasig dünsten. Dann Marmelade, Zitronenabrieb, Zitronensaft, Senfkörner und Ingwer dazugeben und das Ganze 5 Minuten köcheln lassen. Die Herdplatte ausschalten. Die gedünsteten Zwiebeln mit Salz und Cayennepfeffer abschmecken. Erst dann vorsichtig die Erdbeeren unterheben.

DEN SESAM auf einen Teller geben. Dann den Thunfisch mit Salz und Pfeffer würzen und von beiden Seiten fest hineindrücken. Öl in der Pfanne erhitzen und die Thunfischsteaks von beiden Seiten ca. 3 Minuten braten. Anschließend auf den lauwarmen Gewürz-Erdbeeren anrichten.

TIPP: Basmatireis oder thailändischer Parfümreis sind eine ideale Ergänzung zu diesem Gericht.

Thunfischsteak

MIT PIKANTEN GEWÜRZ-ERDBEEREN

Zanderfilet mit Erdbeeren

ZUTATEN *(für 4 Personen)*

1 Chilischote
1 Vanilleschote
200 g Erdbeeren
200 g grüner Spargel
½ gelbe Paprika
1 Limette
600 g Zanderfilet, Öl
100 ml Hühnerfond
200 ml Crème fraîche
½ Bund Basilikum

Zanderfilet mit Erdbeeren

ZUBEREITUNG

DIE CHILISCHOTE waschen, halbieren, entkernen und in feine Streifen schneiden. Die Vanilleschote halbieren und aus einer Hälfte das Mark mit einem spitzen Messer herauskratzen. Die Erdbeeren waschen, putzen und halbieren. Den Spargel waschen, im unteren Drittel schälen und in ca. 0,5 cm dicke Scheiben schneiden. Die Paprikaschote waschen, putzen und in kleine Würfel schneiden. Anschließend die Limette auspressen. Das Zanderfilet kalt abwaschen, trocken tupfen, mit dem Limettensaft beträufeln und salzen.

IN EINER PFANNE das Öl erhitzen und das Zanderfilet bei großer Hitze ca. 2 Minuten von jeder Seite anbraten. Dann aus der Pfanne nehmen und Spargel und Paprika ca. 5 Minuten in der heißen Pfanne anbraten. Den Fond angießen, Crème fraîche einrühren, Vanillemark und Chili dazugeben und aufkochen. Dann den Fisch wieder in die Pfanne geben und ca. 5 Minuten mit Deckel ziehen lassen. In der Zwischenzeit das Basilikum waschen, trocken tupfen, die Blätter von den Stielen zupfen und in feine Streifen schneiden.

DEN FISCH vorsichtig aus der Pfanne heben und auf den Tellern anrichten. Die Sauce mit Salz und Pfeffer abschmecken. Die Erdbeeren und das Basilikum hinzufügen, vorsichtig unterheben und zum Fisch geben.

TIPP: Reis oder Pasta schmecken wunderbar dazu.

Schnupper-Rezept

Kleine Schokoküchlein

MIT FLÜSSIGEM KERN

ZUTATEN

(für 6 Personen)
300 g Bitterschokolade
150 g Butter
150 g feiner Kristallzucker
75 g Mehl
4 Eier

ZUBEREITUNG

DIE SCHOKOLADE und Butter im Wasserbad oder in der Mikrowelle schmelzen. Unter Rühren den Zucker, die verquirlten Eier und zum Schluss das Mehl durch ein Sieb dazugeben und zu einem glatten Teig verrühren. Anschließend den Teig in Silikon- oder mit Butter gefettete und bemehlte feuerfeste Backförmchen gießen. Anschließend eine Stunde kalt stellen.

DANN FÜR ACHT MINUTEN bei 210 °C im vorgeheizten Backofen backen. Die Törtchen wieder herausnehmen, zehn Minuten abkühlen lassen, dann aus den Backformen lösen und direkt verzehren.

Leckere
Schokoladen-Sünden
96 Seiten, Spiralbindung
€ 9,95
ISBN 978-3-7843-5076-9

... und 33 weitere üppige

Kleine Schokoküchlein

MIT FLÜSSIGEM KERN

Schokoladen-Rezepte der „Leckere …"-Erfolgsreihe.

Schnupper-Rezept

Gebratener Spargel
MIT PARMESAN

ZUTATEN
Pro Person:
300 g frischer Spargel
30 g Butter
3 EL geriebener Parmesan
2 Eier für ein Omlett
Salz, Pfeffer

ZUBEREITUNG
Den Spargel waschen und schälen, die holzigen Enden abschneiden. In Salzwasser ca. 17 Minuten garen.

Butter in einer Pfanne schmelzen lassen. Den abgetropften Spargel und Parmesankäse hinzufügen. Unter Umwenden einige Minuten braten, mit Salz und Pfeffer würzen und auf einem Teller anrichten.

Eier verquirlen und im Bratfett braten. Abschließend auf dem Spargel anrichten.

Leckere
Spargel-Rezepte
96 Seiten, Spiralbindung
€ 9,95
ISBN 978-3-7843-5073-8

... und 34 weitere neue

sondern einfache, kreative Gerichte. Mit praktischer Spiralbindung!

Leckere
Einfache
Nachspeisen
96 Seiten,
Spiralbindung
€ 9,95
ISBN 978-3-7843-5149-0

Leckere
Herzhafte Kuchen
96 Seiten,
Spiralbindung
ISBN 978-3-7843-5044-8

Leckere
Kartoffel-Rezepte
96 Seiten,
Spiralbindung
€ 9,95
ISBN 978-3-7843-5105-6

Leckere
Hackfleisch-Rezepte
96 Seiten,
Spiralbindung
€ 9,95
ISBN 978-3-7843-5090-5

Leckere
Schokoladen-Sünden
96 Seiten,
Spiralbindung
€ 9,95
ISBN 978-3-7843-5076-9

Leckere
Salat-Genüsse
96 Seiten,
Spiralbindung
€ 9,95
ISBN 978-3-7843-5075-2

Leckere
Nudel-Salate
96 Seiten,
Spiralbindung
€ 9,95
ISBN 978-3-7843-5080 6

Leckere
Saftige Braten
96 Seiten,
Spiralbindung
€ 9,95
ISBN 978-3-7843-5158-2

Leckere
Wild-Rezepte
104 Seiten,
Spiralbindung
€ 9,95
ISBN 978-3-7843-5091-2

Leckere
feine Suppen
96 Seiten,
Spiralbindung
€ 9,95
ISBN 978-3-7843-5074-5

Erhältlich in jeder Buchhandlung oder unter www.buchweltshop.de

LV·Buch im Landwirtschaftsverlag GmbH · 48084 Münster

LV·Buch
im Landwirtschaftsverlag GmbH,
48084 Münster

4. Auflage 2012

Impressum

FOTOS:
Merle Cramer, Münster
ausser Seite 8: Detlef Güthenke, Gütersloh,
Seite 10: Nitschke Fotografen,Bielefeld,
Seiten 44 und 46: Dirk Vogel, Dortmund,
Seiten 35, 43, 50 und 91: Sylvie Aït-Ali,
Titelbild: Digitalstock

LEKTORAT:
Sabine Deing-Westphal, Rhede

GESTALTUNG:
Monika Wagenhäuser, LV·Buch

DRUCK:
Griebsch & Rochol Druck GmbH & Co. KG,
Hamm

ISBN 978-3-7843-5127-8